Die Verfassung des Deutschen Reichs vom 11. August 1919

Deutsches Reichsgesetzblatt Band 1919, Nr. 152,
Seite 1383–1418

Grundlage dieser Ausgabe:
• *Deutsches Reichsgesetzblatt Band 1919, Nr. 152, Seite 1383–1418*
(Stand 06.Juni 2024)

Die ***Die Verfassung des Deutschen Reichs*** (auch Weimarer Verfassung oder Weimarer Reichsverfassung) wurde am 31. Juli 1919 in Weimar beschlossen, am 11. August unterzeichnet und wurde am 14. August 1919 verkündet.

Impressum

Herausgeber: Harald Rockstuhl, 2024

Umschlaggestaltung: Harald Rockstuhl

1. Reprintauflage 2024

ISBN 978-3-95966-746-3

Satz: Verlag Rockstuhl, Bad Langensalza

Druck und Bindearbeiten erfolgen in Deutschland

Die Deutsche Nationalbibliothek verzeichnet diese Publikation in der Deutschen Nationalbibliografie. Detaillierte bibliografische Daten sind im Internet über *http://dnb.d-nb.de* abrufbar.

Verlag Rockstuhl
www.verlag-rockstuhl.de

Inhaber: Harald Rockstuhl
Mitglied des Börsenvereins des Deutschen Buchhandels e.V.
Lange Brüdergasse 12 in D-99947 Bad Langensalza/Thüringen
Telefon: 03603 / 81 22 46   Telefax: 03603 / 81 22 47
www.verlag-rockstuhl.de

Inhalt

Erster Hauptteil: Aufbau und Aufgaben des Reichs

Zweiter Hauptteil: Grundrechte und Grundpflichten der Deutschen

Reichs-Gesetzblatt

Jahrgang 1919

Nr. 152

Inhalt: Die Verfassung des Deutschen Reichs. S. 1383.

(Nr. 6982) Die Verfassung des Deutschen Reichs. Vom 11. August 1919.

Das Deutsche Volk, einig in seinen Stämmen und von dem Willen beseelt, sein Reich in Freiheit und Gerechtigkeit zu erneuen und zu festigen, dem inneren und dem äußeren Frieden zu dienen und den gesellschaftlichen Fortschritt zu fördern, hat sich diese Verfassung gegeben.

Erster Hauptteil

Aufbau und Aufgaben des Reichs

Erster Abschnitt

Reich und Länder

Artikel 1

Das Deutsche Reich ist eine Republik.

Die Staatsgewalt geht vom Volke aus.

Artikel 2

Das Reichsgebiet besteht aus den Gebieten der deutschen Länder. Andere Gebiete können durch Reichsgesetz in das Reich aufgenommen werden, wenn es ihre Bevölkerung kraft des Selbstbestimmungsrechts begehrt.

Artikel 3

Die Reichsfarben sind schwarz-rot-gold. Die Handelsflagge ist schwarz-weiß-rot mit den Reichsfarben in der oberen inneren Ecke.

Artikel 4

Die allgemein anerkannten Regeln des Völkerrechts gelten als bindende Bestandteile des deutschen Reichsrechts.

Ausgegeben zu Berlin den 14. August 1919.

Quelle (Stand 06.06.2024): https://de.wikisource.org/wiki/Verfassung_des_Deutschen_Reichs_(1919) und chrome-extension://efaidnbmnnnibpcajpcglclefindmkaj/https://www.lwl.org/westfaelische-geschichte/que/normal/que843.pdf

(Nr. 6982) Die Verfassung des Deutschen Reichs. Vom 11. August 1919.

Das Deutsche Volk, einig in seinen Stämmen und von dem Willen beseelt, sein Reich in Freiheit und Gerechtigkeit zu erneuen und zu festigen, dem inneren und dem äußeren Frieden zu dienen und den gesellschaftlichen Fortschritt zu fördern, hat sich diese Verfassung gegeben.

Erster Hauptteil: **Aufbau und Aufgaben des Reichs**

Erster Abschnitt: Reich und Länder

Artikel 1

Das Deutsche Reich ist eine Republik.

Die Staatsgewalt geht vom Volke aus.

Artikel 2

Das Reichsgebiet besteht aus den Gebieten der deutschen Länder. Andere Gebiete können durch Reichsgesetz in das Reich aufgenommen werden, wenn es ihre Bevölkerung kraft des Selbstbestimmungsrechts begehrt.

Artikel 3

Die Reichsfarben sind schwarz-rot-gold. Die Handelsflagge ist schwarz-weiß-rot mit den Reichsfarben in der oberen inneren Ecke.

Artikel 4

Die allgemein anerkannten Regeln des Völkerrechts gelten als bindende Bestandteile des deutschen Reichsrechts.

Artikel 5

Die Staatsgewalt wird in Reichsangelegenheiten durch die Organe des Reichs auf Grund der Reichsverfassung, in Landesangelegenheiten durch die Organe der Länder auf Grund der Landesverfassungen ausgeübt.

Artikel 6

Das Reich hat die ausschließliche Gesetzgebung über:

1. die Beziehungen zum Ausland;
2. das Kolonialwesen;
3. die Staatsangehörigkeit, die Freizügigkeit, die Ein- und Auswanderung und die Auslieferung;
4. die Wehrverfassung;
5. das Münzwesen;
6. das Zollwesen sowie die Einheit des Zoll- und Handelsgebiets und die Freizügigkeit des Warenverkehrs;
7. das Post- und Telegraphenwesen einschließlich des Fernsprechwesens.

Artikel 7

Das Reich hat die Gesetzgebung über:

1. das bürgerliche Recht;
2. das Strafrecht;
3. das gerichtliche Verfahren einschließlich des Strafvollzugs sowie die Amtshilfe zwischen Behörden;
4. das Paßwesen und die Fremdenpolizei;
5. das Armenwesen und die Wandererfürsorge;
6. das Presse-, Vereins- und Versammlungswesen;
7. die Bevölkerungspolitik, die Mutterschafts-, Säuglings-, Kinder- und Jugendfürsorge;
8. das Gesundheitswesen, das Veterinärwesen und den Schutz der Pflanzen gegen Krankheiten und Schädlinge;
9. das Arbeitsrecht, die Versicherung und den Schutz der Arbeiter und Angestellten sowie den Arbeitsnachweis;
10. die Einrichtung beruflicher Vertretungen für das Reichsgebiet;
11. die Fürsorge für die Kriegsteilnehmer und ihre Hinterbliebenen;
12. das Enteignungsrecht;
13. die Vergesellschaftung von Naturschätzen und wirtschaftlichen Unternehmungen sowie die Erzeugung, Herstellung, Verteilung und Preisgestaltung wirtschaftlicher Güter für die Gemeinwirtschaft;
14. den Handel, das Maß- und Gewichtswesen, die Ausgabe von Papiergeld, das Bankwesen sowie das Börsenwesen;
15. den Verkehr mit Nahrungs- und Genußmitteln sowie mit Gegenstän den des täglichen Bedarfs;

16. das Gewerbe und den Bergbau;
17. das Versicherungswesen;
18. die Seeschiffahrt, die Hochsee- und die Küstenfischerei;
19. die Eisenbahnen, die Binnenschiffahrt, den Verkehr mit Kraftfahrzeugen zu Lande, zu Wasser und in der Luft, sowie den Bau von Landstraßen, soweit es sich um den allgemeinen Verkehr und die Landesverteidigung handelt;
20. das Theater- und Lichtspielwesen.

Artikel 8

Das Reich hat ferner die Gesetzgebung über die Abgaben und sonstigen Einnahmen, soweit sie ganz oder teilweise für seine Zwecke in Anspruch genommen werden. Nimmt das Reich Abgaben oder sonstige Einnahmen in Anspruch, die bisher den Ländern zustanden, so hat es auf die Erhaltung der Lebensfähigkeit der Länder Rücksicht zu nehmen.

Artikel 9

Soweit ein Bedürfnis für den Erlaß einheitlicher Vorschriften vorhanden ist, hat das Reich die Gesetzgebung über:

1. die Wohlfahrtspflege;
2. den Schutz der öffentlichen Ordnung und Sicherheit.

Artikel 10

Das Reich kann im Wege der Gesetzgebung Grundsätze aufstellen für:

1. die Rechte und Pflichten der Religionsgesellschaften;
2. das Schulwesen einschließlich des Hochschulwesens und das wissenschaftliche Büchereiwesen;
3. das Recht der Beamten aller öffentlichen Körperschaften;
4. das Bodenrecht, die Bodenverteilung, das Ansiedlungs- und Heimstättenwesen, die Bindung des Grundbesitzes, das Wohnungswesen und die Bevölkerungsverteilung;
5. das Bestattungswesen.

Artikel 11

Das Reich kann im Wege der Gesetzgebung Grundsätze über die Zulässigkeit und Erhebungsart von Landesabgaben aufstellen, soweit sie erforderlich sind, um

1. Schädigung der Einnahmen oder der Handelsbeziehungen des Reichs,
2. Doppelbesteuerungen,
3. übermäßige oder verkehrshindernde Belastung der Benutzung öffentlicher Verkehrswege und Einrichtungen mit Gebühren,
4. steuerliche Benachteiligungen eingeführter Waren gegenüber den eigenen Erzeugnissen im Verkehre zwischen den einzelnen Ländern und Landesteilen oder
5. Ausfuhrprämien

auszuschließen oder wichtige Gesellschaftsinteressen zu wahren.

Artikel 12

Solange und soweit das Reich von seinem Gesetzgebungsrechte keinen Gebrauch macht, behalten die Länder das Recht der Gesetzgebung. Dies gilt nicht für die ausschließliche Gesetzgebung des Reichs.

Gegen Landesgesetze, die sich auf Gegenstände des Artikel 7 Ziffer 13 beziehen, steht der Reichsregierung, sofern dadurch das Wohl der Gesamtheit im Reiche berührt wird, ein Einspruchsrecht zu.

Artikel 13

Reichsrecht bricht Landrecht.

Bestehen Zweifel oder Meinungsverschiedenheiten darüber, ob eine landesrechtliche Vorschrift mit dem Reichsrecht vereinbar ist, so kann die zuständige Reichs- oder Landeszentralbehörde nach näherer Vorschrift eines Reichsgesetzes die Entscheidung eines obersten Gerichtshofs des Reichs anrufen.

Artikel 14

Die Reichsgesetze werden durch die Landesbehörden ausgeführt, soweit nicht die Reichsgesetze etwas anderes bestimmen.

Artikel 15

Die Reichsregierung übt die Aufsicht in den Angelegenheiten aus, in denen dem Reiche das Recht der Gesetzgebung zusteht.

Soweit die Reichsgesetze von den Landesbehörden auszuführen sind, kann die Reichsregierung allgemeine Anweisungen erlassen. Sie ist ermächtigt, zur Überwachung der Ausführung der Reichsgesetze zu den

Landeszentralbehörden und mit ihrer Zustimmung zu den unteren Behörden Beauftragte zu entsenden.

Die Landesregierungen sind verpflichtet, auf Ersuchen der Reichsregierung Mängel, die bei der Ausführung der Reichsgesetze hervorgetreten sind, zu beseitigen. Bei Meinungsverschiedenheiten kann sowohl die Reichsregierung als die Landesregierung die Entscheidung des Staatsgerichtshofs anrufen, falls nicht durch Reichsgesetz ein anderes Gericht bestimmt ist.

Artikel 16

Die mit der unmittelbaren Reichsverwaltung in den Ländern betrauten Beamten sollen in der Regel Landesangehörige sein. Die Beamten, Angestellten und Arbeiter der Reichsverwaltung sind auf ihren Wunsch in ihren Heimatgebieten zu verwenden, soweit dies möglich ist und nicht Rücksichten auf ihre Ausbildung oder Erfordernisse des Dienstes entgegenstehen.

Artikel 17

Jedes Land muß eine freistaatliche Verfassung haben. Die Volksvertretung muß in allgemeiner, gleicher, unmittelbarer und geheimer Wahl von allen reichsdeutschen Männern und Frauen nach den Grundsätzen der Verhältniswahl gewählt werden. Die Landesregierung bedarf des Vertrauens der Volksvertretung.

Die Grundsätze für die Wahlen zur Volksvertretung gelten auch für die Gemeindewahlen. Jedoch kann durch Landesgesetz die Wahlberechtigung von der Dauer des Aufenthalts in der Gemeinde bis zu einem Jahre abhängig gemacht werden.

Artikel 18

Die Gliederung des Reichs in Länder soll unter möglichster Berücksichtigung des Willens der beteiligten Bevölkerung der wirtschaftlichen und kulturellen Höchstleistung des Volkes dienen. Die Änderung des Gebiets von Ländern und die Neubildung von Ländern innerhalb des Reichs erfolgen durch verfassungsänderndes Reichsgesetz.

Stimmen die unmittelbar beteiligten Länder zu, so bedarf es nur eines einfachen Reichsgesetzes.

Ein einfaches Reichsgesetz genügt ferner, wenn eines der beteiligten Länder nicht zustimmt, die Gebietsänderung oder Neubildung aber durch den Willen der Bevölkerung gefordert wird und ein überwiegendes Reichsinteresse sie erheischt.

Der Wille der Bevölkerung ist durch Abstimmung festzustellen. Die Reichsregierung ordnet die Abstimmung an, wenn ein Drittel der zum Reichstag wahlberechtigten Einwohner des abzutrennenden Gebiets es verlangt.

Zum Beschluß einer Gebietsänderung oder Neubildung sind drei Fünftel der abgegebenen Stimmen, mindestens aber die Stimmenmehrheit der Wahlberechtigten erforderlich. Auch wenn es sich nur um Abtrennung eines Teiles eines preußischen Regierungsbezirkes, eines bayerischen Kreises oder in anderen Ländern eines entsprechenden Verwaltungsbezirkes handelt, ist der Wille der Bevölkerung des ganzen in Betracht kommenden Bezirkes festzustellen. Wenn ein räumlicher Zusammenhang des abzutrennenden Gebiets mit dem Gesamtbezirke nicht besteht, kann auf Grund eines besonderen Reichsgesetzes der Wille der Bevölkerung des abzutrennenden Gebiets als ausreichend erklärt werden.

Nach Feststellung der Zustimmung der Bevölkerung hat die Reichsregierung dem Reichstag ein entsprechendes Gesetz zur Beschlußfassung vorzulegen.

Entsteht bei der Vereinigung oder Abtrennung Streit über die Vermögensauseinandersetzung, so entscheidet hierüber auf Antrag einer Partei der Staatsgerichtshof für das Deutsche Reich.

Artikel 19

Über Verfassungsstreitigkeiten innerhalb eines Landes, in dem kein Gericht zu ihrer Erledigung besteht, sowie über Streitigkeiten nichtprivatrechtlicher Art zwischen verschiedenen Ländern oder zwischen dem Reiche und einem Lande entscheidet auf Antrag eines der streitenden Teile der Staatsgerichtshof für das Deutsche Reich, soweit nicht ein anderer Gerichtshof des Reichs zuständig ist.

Der Reichspräsident vollstreckt das Urteil des Staatsgerichtshofs.

Zweiter Abschnitt: Der Reichstag

Artikel 20

Der Reichstag besteht aus den Abgeordneten des deutschen Volkes.

Artikel 21

Die Abgeordneten sind Vertreter des ganzen Volkes. Sie sind nur ihrem Gewissen unterworfen und an Aufträge nicht gebunden.

Artikel 22

Die Abgeordneten werden in allgemeiner, gleicher, unmittelbarer und geheimer Wahl von den über zwanzig Jahre alten Männern und Frauen nach den Grundsätzen der Verhältniswahl gewählt. Der Wahltag muß ein Sonntag oder öffentlicher Ruhetag sein.

Das Nähere bestimmt das Reichswahlgesetz.

Artikel 23

Der Reichstag wird auf vier Jahre gewählt. Spätestens am sechzigsten Tage nach ihrem Ablauf muß die Neuwahl stattfinden.

Der Reichstag tritt zum ersten Male spätestens am dreißigsten Tage nach der Wahl zusammen.

Artikel 24

Der Reichstag tritt in jedem Jahre am ersten Mittwoch des November am Sitze der Reichsregierung zusammen. Der Präsident des Reichstags muß ihn früher berufen, wenn es der Reichspräsident oder mindestens ein Drittel der Reichstagsmitglieder verlangt.

Der Reichstag bestimmt den Schluß der Tagung und den Tag des Wiederzusammentritts.

Artikel 25

Der Reichspräsident kann den Reichstag auflösen, jedoch nur einmal aus dem gleichen Anlaß.

Die Neuwahl findet spätestens am sechzigsten Tage nach der Auflösung statt.

Artikel 26

Der Reichstag wählt seinen Präsidenten, dessen Stellvertreter und seine Schriftführer. Er gibt sich seine Geschäftsordnung.

Artikel 27

Zwischen zwei Tagungen oder Wahlperioden führen Präsident und Stellvertreter der letzten Tagung ihre Geschäfte fort.

Artikel 28

Der Präsident übt das Hausrecht und die Polizeigewalt im Reichstagsgebäude aus. Ihm untersteht die Hausverwaltung; er verfügt über die Einnahmen und Ausgaben des Hauses nach Maßgabe des Reichshaushalts und vertritt das Reich in allen Rechtsgeschäften und Rechtsstreitigkeiten seiner Verwaltung.

Artikel 29

Der Reichstag verhandelt öffentlich. Auf Antrag von fünfzig Mitgliedern kann mit Zweidrittelmehrheit die Öffentlichkeit ausgeschlossen werden.

Artikel 30

Wahrheitsgetreue Berichte über die Verhandlungen in den öffentlichen Sitzungen des Reichstags, eines Landtags oder ihrer Ausschüsse bleiben von jeder Verantwortlichkeit frei.

Artikel 31

Bei dem Reichstag wird ein Wahlprüfungsgericht gebildet. Es entscheidet auch über die Frage, ob ein Abgeordneter die Mitgliedschaft verloren hat.

Das Wahlprüfungsgericht besteht aus Mitgliedern des Reichstags, die dieser für die Wahlperiode wählt, und aus Mitgliedern des Reichsverwaltungsgerichts, die der Reichspräsident auf Vorschlag des Präsidiums dieses Gerichts bestellt.

Das Wahlprüfungsgericht erkennt auf Grund öffentlicher mündlicher Verhandlung durch drei Mitglieder des Reichstags und zwei richterliche Mitglieder.

Außerhalb der Verhandlungen vor dem Wahlprüfungsgerichte wird das Verfahren von einem Reichsbeauftragten geführt, den der Reichspräsident ernennt. Im übrigen wird das Verfahren von dem Wahlprüfungsgerichte geregelt.

Artikel 32

Zu einem Beschlusse des Reichstags ist einfache Stimmenmehrheit erforderlich, sofern die Verfassung kein anderes Stimmenverhältnis vorschreibt. Für die vom Reichstag vorzunehmenden Wahlen kann die Geschäftsordnung Ausnahmen zulassen.
Die Beschlußfähigkeit wird durch die Geschäftsordnung geregelt.

Artikel 33

Der Reichstag und seine Ausschüsse können die Anwesenheit des Reichskanzlers und jedes Reichsministers verlangen.

Der Reichskanzler, die Reichsminister und die von ihnen bestellten Beauftragten haben zu den Sitzungen des Reichstags und seiner Ausschüsse Zutritt. Die Länder sind berechtigt, in diese Sitzungen Bevollmächtigte zu entsenden, die den Standpunkt ihrer Regierung zu dem Gegenstande der Verhandlung darlegen.

Auf ihr Verlangen müssen die Regierungsvertreter während der Beratung, die Vertreter der Reichsregierung auch außerhalb der Tagesordnung gehört werden.

Sie unterstehen der Ordnungsgewalt des Vorsitzenden.

Artikel 34

Der Reichstag hat das Recht und auf Antrag von einem Fünftel seiner Mitglieder die Pflicht, Untersuchungsausschüsse einzusetzen. Diese Ausschüsse erheben in öffentlicher Verhandlung die Beweise, die sie oder die Antragsteller für erforderlich erachten. Die Öffentlichkeit kann vom Untersuchungsausschuß mit Zweidrittelmehrheit ausgeschlossen werden. Die Geschäftsordnung regelt das Verfahren des Ausschusses und bestimmt die Zahl seiner Mitglieder.

Die Gerichte und Verwaltungsbehörden sind verpflichtet, dem Ersuchen dieser Ausschüsse um Beweiserhebungen Folge zu leisten; die Akten der Behörden sind ihnen auf Verlangen vorzulegen.

Auf die Erhebungen der Ausschüsse und der von ihnen ersuchten Behörden finden die Vorschriften der Strafprozeßordnung sinngemäße Anwendung, doch bleibt das Brief-, Post-, Telegraphen- und Fernsprechgeheimnis unberührt.

Artikel 35

Der Reichstag bestellt einen ständigen Ausschuß für auswärtige Angelegenheiten, der auch außerhalb der Tagung des Reichstags und nach der Beendigung der Wahlperiode oder der Auflösung des Reichstags bis zum Zusammentritte des neuen Reichstags tätig werden kann. Die Sitzungen dieses Ausschusses sind nicht öffentlich, wenn nicht der Ausschuß mit Zweidrittelmehrheit die Öffentlichkeit beschließt.

Der Reichstag bestellt ferner zur Wahrung der Rechte der Volksvertretung gegenüber der Reichsregierung für die Zeit außerhalb der Tagung und nach Beendigung einer Wahlperiode einen ständigen Ausschuß.

Diese Ausschüsse haben die Rechte von Untersuchungsausschüssen.

Artikel 36

Kein Mitglied des Reichstags oder eines Landtags darf zu irgendeiner Zeit wegen seiner Abstimmung oder wegen der in Ausübung seines Berufs getanen Äußerungen gerichtlich oder dienstlich verfolgt oder sonst außerhalb der Versammlung zur Verantwortung gezogen werden.

Artikel 37

Kein Mitglied des Reichstags oder eines Landtags kann ohne Genehmigung des Hauses, dem der Abgeordnete angehört, während der Sitzungsperiode wegen einer mit Strafe bedrohten Handlung zur Untersuchung gezogen oder verhaftet werden, es sei denn, daß das Mitglied bei Ausübung der Tat oder spätestens im Laufe des folgenden Tages festgenommen ist.

Die gleiche Genehmigung ist bei jeder anderen Beschränkung der persönlichen Freiheit erforderlich, die die Ausübung des Abgeordnetenberufs beeinträchtigt.

Jedes Strafverfahren gegen ein Mitglied des Reichstags oder eines Landtags und jede Haft oder sonstige Beschränkung seiner persönlichen Freiheit wird auf Verlangen des Hauses, dem der Abgeordnete angehört, für die Dauer der Sitzungsperiode aufgehoben.

Artikel 38

Die Mitglieder des Reichstags und der Landtage sind berechtigt, über Personen, die ihnen in ihrer Eigenschaft als Abgeordneten Tatsachen anvertrauen, oder denen sie in Ausübung ihres Abgeordnetenberufs solche anvertraut haben, sowie über diese Tatsachen selbst das Zeugnis zu verweigern. Auch in Beziehung auf Beschlagnahme von Schriftstücken stehen sie den Personen gleich, die ein gesetzliches Zeugnisverweigerungsrecht haben.

Eine Durchsuchung oder Beschlagnahme darf in den Räumen des Reichstags oder eines Landtags nur mit Zustimmung des Präsidenten vorgenommen werden.

Artikel 39

Beamte und Angehörige der Wehrmacht bedürfen zur Ausübung ihres Amtes als Mitglieder des Reichstags oder eines Landtags keines Urlaubs.

Bewerben sie sich um einen Sitz in diesen Körperschaften, so ist ihnen der zur Vorbereitung ihrer Wahl erforderliche Urlaub zu gewähren.

Artikel 40

Die Mitglieder des Reichstags erhalten das Recht zur freien Fahrt auf allen deutschen Eisenbahnen sowie Entschädigung nach Maßgabe eines Reichsgesetzes.

Dritter Abschnitt:
Der Reichspräsident und die Reichsregierung

Artikel 41

Der Reichspräsident wird vom ganzen deutschen Volke gewählt. Wählbar ist jeder Deutsche, der das fünfunddreißigste Lebensjahr vollendet hat.

Das Nähere bestimmt ein Reichsgesetz.

Artikel 42

Der Reichspräsident leistet bei der Übernahme seines Amtes vor dem Reichstag folgenden Eid:

Ich schwöre, daß ich meine Kraft dem Wohle des deutschen Volkes widmen, seinen Nutzen mehren, Schaden von ihm wenden, die Verfassung und die Gesetze des Reichs wahren, meine Pflichten gewissenhaft erfüllen und Gerechtigkeit gegen jedermann üben werde.

Die Beifügung einer religiösen Beteuerung ist zulässig.

Artikel 43

Das Amt des Reichspräsidenten dauert sieben Jahre. Wiederwahl ist zulässig.

Vor Ablauf der Frist kann der Reichspräsident auf Antrag des Reichstags durch Volksabstimmung abgesetzt werden. Der Beschluß des Reichstags erfordert Zweidrittelmehrheit. Durch den Beschluß ist der Reichspräsident an der ferneren Ausübung des Amtes verhindert. Die Ablehnung der Absetzung durch die Volksabstimmung gilt als neue Wahl und hat die Auflösung des Reichstags zur Folge.

Der Reichspräsident kann ohne Zustimmung des Reichstags nicht strafrechtlich verfolgt werden.

Artikel 44

Der Reichspräsident kann nicht zugleich Mitglied des Reichstags sein.

Artikel 45

Der Reichspräsident vertritt das Reich völkerrechtlich. Er schließt im Namen des Reichs Bündnisse und andere Verträge mit auswärtigen Mächten. Er beglaubigt und empfängt die Gesandten.

Kriegserklärung und Friedensschluß erfolgen durch Reichsgesetz.

Bündnisse und Verträge mit fremden Staaten, die sich auf Gegenstände der Reichsgesetzgebung beziehen, bedürfen der Zustimmung des Reichstags.

Artikel 46

Der Reichspräsident ernennt und entläßt die Reichsbeamten und die Offiziere, soweit nicht durch Gesetz etwas anderes bestimmt ist. Er kann das Ernennungs- und Entlassungsrecht durch andere Behörden ausüben lassen.

Artikel 47

Der Reichspräsident hat den Oberbefehl über die gesamte Wehrmacht des Reichs.

Artikel 48

Wenn ein Land die ihm nach der Reichsverfassung oder den Reichsgesetzen obliegenden Pflichten nicht erfüllt, kann der Reichspräsident es dazu mit Hilfe der bewaffneten Macht anhalten.

Der Reichspräsident kann, wenn im Deutschen Reiche die öffentliche Sicherheit und Ordnung erheblich gestört oder gefährdet wird, die zur Wiederherstellung der öffentlichen Sicherheit und Ordnung nötigen Maßnahmen treffen, erforderlichenfalls mit Hilfe der bewaffneten Macht einschreiten. Zu diesem Zwecke darf er vorübergehend die in den Artikeln 114, 115, 117, 118, 123, 124 und 153 festgesetzten Grundrechte ganz oder zum Teil außer Kraft setzen.

Von allen gemäß Abs. 1 oder Abs. 2 dieses Artikels getroffenen Maßnahmen hat der Reichspräsident unverzüglich dem Reichstag Kenntnis zu geben. Die Maßnahmen sind auf Verlangen des Reichstags außer Kraft zu setzen.

Bei Gefahr im Verzuge kann die Landesregierung für ihr Gebiet einstweilige Maßnahmen der in Abs. 2 bezeichneten Art treffen. Die Maßnahmen sind auf Verlangen des Reichspräsidenten oder des Reichstags außer Kraft zu setzen.

Das Nähere bestimmt ein Reichsgesetz.

Artikel 49

Der Reichspräsident übt für das Reich das Begnadigungsrecht aus. Reichsamnestien bedürfen eines Reichsgesetzes.

Artikel 50

Alle Anordnungen und Verfügungen des Reichspräsidenten, auch solche auf dem Gebiete der Wehrmacht, bedürfen zu ihrer Gültigkeit der Gegenzeichnung durch den Reichskanzler oder den zuständigen Reichsminister. Durch die Gegenzeichnung wird die Verantwortung übernommen.

Artikel 51

Der Reichspräsident wird im Falle seiner Verhinderung zunächst durch den Reichskanzler vertreten. Dauert die Verhinderung voraussichtlich längere Zeit, so ist die Vertretung durch ein Reichsgesetz zu regeln.

Das gleiche gilt für den Fall einer vorzeitigen Erledigung der Präsidentschaft bis zur Durchführung der neuen Wahl.

Artikel 52

Die Reichsregierung besteht aus dem Reichskanzler und den Reichsministern.

Artikel 53

Der Reichskanzler und auf seinen Vorschlag die Reichsminister werden vom Reichspräsidenten ernannt und entlassen.

Artikel 54

Der Reichskanzler und die Reichsminister bedürfen zu ihrer Amtsführung des Vertrauens des Reichstags. Jeder von ihnen muß zurücktreten, wenn ihm der Reichstag durch ausdrücklichen Beschluß sein Vertrauen entzieht.

Artikel 55

Der Reichskanzler führt den Vorsitz in der Reichsregierung und leitet ihre Geschäfte nach einer Geschäftsordnung, die von der Reichsregierung beschlossen und vom Reichspräsidenten genehmigt wird.

Artikel 56

Der Reichskanzler bestimmt die Richtlinien der Politik und trägt dafür gegenüber dem Reichstag die Verantwortung. Innerhalb dieser Richtlinien leitet jeder Reichsminister den ihm anvertrauten Geschäftszweig selbständig und unter eigener Verantwortung gegenüber dem Reichstag.

Artikel 57

Die Reichsminister haben der Reichsregierung alle Gesetzentwürfe, ferner Angelegenheiten, für welche Verfassung oder Gesetz dieses vorschreiben, sowie Meinungsverschiedenheiten über Fragen, die den Geschäftsbereich mehrerer Reichsminister berühren, zur Beratung und Beschlußfassung zu unterbreiten.

Artikel 58

Die Reichsregierung faßt ihre Beschlüsse mit Stimmenmehrheit. Bei Stimmengleichheit entscheidet die Stimme des Vorsitzenden.

Artikel 59

Der Reichstag ist berechtigt, den Reichspräsidenten, den Reichskanzler und die Reichsminister vor dem Staatsgerichtshof für das Deutsche Reich anzuklagen, daß sie schuldhafterweise die Reichsverfassung oder ein Reichsgesetz verletzt haben. Der Antrag auf Erhebung der Anklage muß von mindestens hundert Mitgliedern des Reichstags unterzeichnet sein und bedarf der Zustimmung der für Verfassungsänderungen vorgeschriebenen Mehrheit. Das Nähere regelt das Reichsgesetz über den Staatsgerichtshof.

Vierter Abschnitt: Der Reichsrat

Artikel 60

Zur Vertretung der deutschen Länder bei der Gesetzgebung und Verwaltung des Reichs wird ein Reichsrat gebildet.

Artikel 61

Im Reichsrat hat jedes Land mindestens eine Stimme. Bei den größeren Ländern entfällt auf eine Million Einwohner eine Stimme. Ein Überschuß, der mindestens der Einwohnerzahl des kleinsten Landes gleichkommt, wird einer vollen Million gleichgerechnet. Kein Land darf durch mehr als zwei Fünftel aller Stimmen vertreten sein.

Deutschösterreich erhält nach seinem Anschluß an das Deutsche Reich das Recht der Teilnahme am Reichsrat mit der seiner Bevölkerung entsprechenden Stimmenzahl. Bis dahin haben die Vertreter Deutschösterreichs beratende Stimme.

Die Stimmenzahl wird durch den Reichsrat nach jeder allgemeinen Volkszählung neu festgesetzt.

Artikel 62

In den Ausschüssen, die der Reichsrat aus seiner Mitte bildet, führt kein Land mehr als eine Stimme.

Artikel 63

Die Länder werden im Reichsrat durch Mitglieder ihrer Regierungen vertreten. Jedoch wird die Hälfte der preußischen Stimmen nach Maßgabe eines Landesgesetzes von den preußischen Provinzialverwaltungen bestellt. Die Länder sind berechtigt, so viele Vertreter in den Reichsrat zu entsenden, wie sie Stimmen führen.

Artikel 64

Die Reichsregierung muß den Reichsrat auf Verlangen von einem Drittel seiner Mitglieder einberufen.

Artikel 65

Den Vorsitz im Reichsrat und in seinen Ausschüssen führt ein Mitglied der Reichsregierung. Die Mitglieder der Reichsregierung haben das Recht und auf Verlangen die Pflicht, an den Verhandlungen des Reichsrats und seiner Ausschüsse teilzunehmen. Sie müssen während der Beratung auf Verlangen jederzeit gehört werden.

Artikel 66

Die Reichsregierung sowie jedes Mitglied des Reichsrats sind befugt, im Reichsrat Anträge zu stellen.

Der Reichsrat regelt seinen Geschäftsgang durch eine Geschäftsordnung.

Die Vollsitzungen des Reichsrats sind öffentlich. Nach Maßgabe der Geschäftsordnung kann die Öffentlichkeit für einzelne Beratungsgegenstände ausgeschlossen werden.

Bei der Abstimmung entscheidet die einfache Mehrheit der Abstimmenden.

Artikel 67

Der Reichsrat ist von den Reichsministerien über die Führung der Reichsgeschäfte auf dem Laufenden zu halten. Zu Beratungen über wichtige Gegenstände sollen von den Reichsministerien die zuständigen Ausschüsse des Reichsrats zugezogen werden.

Fünfter Abschnitt:
Die Reichsgesetzgebung

Artikel 68

Die Gesetzesvorlagen werden von der Reichsregierung oder aus der Mitte des Reichstags eingebracht.

Die Reichsgesetze werden vom Reichstag beschlossen.

Artikel 69

Die Einbringung von Gesetzesvorlagen der Reichsregierung bedarf der Zustimmung des Reichsrats. Kommt eine Übereinstimmung zwischen der Reichsregierung und dem Reichsrat nicht zustande, so kann die Reichsregierung die Vorlage gleichwohl einbringen, hat aber hierbei die abweichende Auffassung des Reichsrats darzulegen.

Beschließt der Reichsrat eine Gesetzesvorlage, welcher die Reichsregierung nicht zustimmt, so hat diese die Vorlage unter Darlegung ihres Standpunkts beim Reichstag einzubringen.

Artikel 70

Der Reichspräsident hat die verfassungsmäßig zustande gekommenen Gesetze auszufertigen und binnen Monatsfrist im Reichs-Gesetzblatt zu verkünden.

Artikel 71

Reichsgesetze treten, soweit sie nichts anderes bestimmen, mit dem vierzehnten Tage nach Ablauf des Tages in Kraft, an dem das Reichs-Gesetzblatt in der Reichshauptstadt ausgegeben worden ist.

Artikel 72

Die Verkündung eines Reichsgesetzes ist um zwei Monate auszusetzen, wenn es ein Drittel des Reichstags verlangt. Gesetze, die der Reichstag und der Reichsrat für dringlich erklären, kann der Reichspräsident ungeachtet dieses Verlangens verkünden.

Artikel 73

Ein vom Reichstag beschlossenes Gesetz ist vor seiner Verkündung zum Volksentscheid zu bringen, wenn der Reichspräsident binnen eines Monats es bestimmt.

Ein Gesetz, dessen Verkündung auf Antrag von mindestens einem Drittel des Reichstags ausgesetzt ist, ist dem Volksentscheid zu unterbreiten, wenn ein Zwanzigstel der Stimmberechtigten es beantragt.
Ein Volksentscheid ist ferner herbeizuführen, wenn ein Zehntel der Stimmberechtigten das Begehren nach Vorlegung eines Gesetzentwurfs stellt. Dem Volksbegehren muß ein ausgearbeiteter Gesetzentwurf zugrunde liegen. Er ist von der Regierung unter Darlegung ihrer Stellungnahme dem Reichstag zu unterbreiten. Der Volksentscheid findet nicht statt, wenn der begehrte Gesetzentwurf im Reichstag unverändert angenommen worden ist.

Über den Haushaltsplan, über Abgabengesetze und Besoldungsordnungen kann nur der Reichspräsident einen Volksentscheid veranlassen.
Das Verfahren beim Volksentscheid und beim Volksbegehren regelt ein Reichsgesetz.

Artikel 74

Gegen die vom Reichstag beschlossenen Gesetze steht dem Reichsrat der Einspruch zu.

Der Einspruch muß innerhalb zweier Wochen nach der Schlußabstimmung im Reichstag bei der Reichsregierung eingebracht und spätestens binnen zwei weiteren Wochen mit Gründen versehen werden.
Im Falle des Einspruchs wird das Gesetz dem Reichstag zur nochmaligen Beschlußfassung vorgelegt. Kommt hierbei keine Übereinstimmung zwischen Reichstag und Reichsrat zustande, so kann der Reichspräsident binnen drei Monaten über den Gegenstand der Meinungsverschiedenheit einen Volksentscheid anordnen. Macht der Präsident von diesem Rechte keinen Gebrauch, so gilt das Gesetz als nicht zustande gekommen. Hat der Reichstag mit Zweidrittelmehrheit entgegen dem Einspruch des Reichsrats beschlossen, so hat der Präsident das Gesetz binnen drei Monaten in der vom Reichstag beschlossenen Fassung zu verkünden oder einen Volksentscheid anzuordnen.

Artikel 75

Durch den Volksentscheid kann ein Beschluß des Reichstags nur dann außer Kraft gesetzt werden, wenn sich die Mehrheit der Stimmberechtigten an der Abstimmung beteiligt.

Artikel 76

Die Verfassung kann im Wege der Gesetzgebung geändert werden. Jedoch kommen Beschlüsse des Reichstags auf Abänderung der Verfassung nur zustande, wenn zwei Drittel der gesetzlichen Mitgliederzahl anwesend sind und wenigstens zwei Drittel der Anwesenden zustimmen. Auch Beschlüsse des Reichsrats auf Abänderung der Verfassung bedürfen einer Mehrheit von zwei Dritteln der abgegebenen Stimmen. Soll auf Volksbegehren durch Volksentscheid eine Verfassungsänderung beschlossen werden, so ist die Zustimmung der Mehrheit der Stimmberechtigten erforderlich.

Hat der Reichstag entgegen dem Einspruch des Reichsrats eine Verfassungsänderung beschlossen, so darf der Reichspräsident dieses Gesetz nicht verkünden, wenn der Reichsrat binnen zwei Wochen den Volksentscheid verlangt.

Artikel 77

Die zur Ausführung der Reichsgesetze erforderlichen allgemeinen Verwaltungsvorschriften erläßt, soweit die Gesetze nichts anderes bestimmen, die Reichsregierung. Sie bedarf dazu der Zustimmung des Reichsrats, wenn die Ausführung der Reichsgesetze den Landesbehörden zusteht.

Sechster Abschnitt: Die Reichsverwaltung

Artikel 78

Die Pflege der Beziehungen zu den auswärtigen Staaten ist ausschließlich Sache des Reichs.

In Angelegenheiten, deren Regelung der Landesgesetzgebung zusteht, können die Länder mit auswärtigen Staaten Verträge schließen; die Verträge bedürfen der Zustimmung des Reichs.

Vereinbarungen mit fremden Staaten über Veränderung der Reichsgrenzen werden nach Zustimmung des beteiligten Landes durch das Reich abgeschlossen. Die Grenzveränderungen dürfen nur auf Grund eines Reichsgesetzes erfolgen, soweit es sich nicht um bloße Berichtigung der Grenzen unbewohnter Gebietsteile handelt.

Um die Vertretung der Interessen zu gewährleisten, die sich für einzelne Länder aus ihren besonderen wirtschaftlichen Beziehungen oder ihrer benachbarten Lage zu auswärtigen Staaten ergeben, trifft das Reich im Einvernehmen mit den beteiligten Ländern die erforderlichen Einrichtungen und Maßnahmen.

Artikel 79

Die Verteidigung des Reichs ist Reichssache. Die Wehrverfassung des deutschen Volkes wird unter Berücksichtigung der besonderen landsmannschaftlichen Eigenarten durch ein Reichsgesetz einheitlich geregelt.

Artikel 80

Das Kolonialwesen ist ausschließlich Sache des Reichs.

Artikel 81

Alle deutschen Kauffahrteischiffe bilden eine einheitliche Handelsflotte.

Artikel 82

Deutschland bildet ein Zoll- und Handelsgebiet, umgeben von einer gemeinschaftlichen Zollgrenze.

Die Zollgrenze fällt mit der Grenze gegen das Ausland zusammen. An der See bildet das Gestade des Festlandes und der zum Reichsgebiet gehörigen Inseln die Zollgrenze. Für den Lauf der Zollgrenze an der See und an anderen Gewässern können Abweichungen bestimmt werden.

Fremde Staatsgebiete oder Gebietsteile können durch Staatsverträge oder Übereinkommen dem Zollgebiete angeschlossen werden.
Aus dem Zollgebiete können nach besonderem Erfordernis Teile ausgeschlossen werden. Für Freihäfen kann der Ausschluß nur durch ein verfassungsänderndes Gesetz aufgehoben werden.

Zollausschlüsse können durch Staatsverträge oder Übereinkommen einem fremden Zollgebiet angeschlossen werden.

Alle Erzeugnisse der Natur sowie des Gewerbe- und Kunstfleißes, die sich im freien Verkehre des Reichs befinden, dürfen über die Grenze der Länder und Gemeinden ein-, aus- oder durchgeführt werden. Ausnahmen sind auf Grund eines Reichsgesetzes zulässig.

Artikel 83

Die Zölle und Verbrauchssteuern werden durch Reichsbehörden verwaltet.

Bei der Verwaltung von Reichsabgaben durch Reichsbehörden sind Einrichtungen vorzusehen, die den Ländern die Wahrung besonderer Landesinteressen auf dem Gebiete der Landwirtschaft, des Handels, des Gewerbes und der Industrie ermöglichen.

Artikel 84

Das Reich trifft durch Gesetz die Vorschriften über:

1. die Einrichtung der Abgabenverwaltung der Länder, soweit es die einheitliche und gleichmäßige Durchführung der Reichsabgabengesetze erfordert;
2. die Einrichtung und Befugnisse der mit der Beaufsichtigung der Ausführung der Reichsabgabengesetze betrauten Behörden;
3. die Abrechnung mit den Ländern;
4. die Vergütung der Verwaltungskosten bei Ausführung der Reichsabgabengesetze.

Artikel 85

Alle Einnahmen und Ausgaben des Reichs müssen für jedes Rechnungsjahr veranschlagt und in den Haushaltsplan eingestellt werden.

Der Haushaltsplan wird vor Beginn des Rechnungsjahrs durch ein Gesetz festgestellt.

Die Ausgaben werden in der Regel für ein Jahr bewilligt; sie können in besonderen Fällen auch für eine längere Dauer bewilligt werden. Im übrigen sind Vorschriften im Reichshaushaltsgesetz unzulässig, die über das Rechnungsjahr hinausreichen oder sich nicht auf die Einnahmen und Ausgaben des Reichs oder ihre Verwaltung beziehen.

Der Reichstag kann im Entwurfe des Haushaltsplans ohne Zustimmung des Reichsrats Ausgaben nicht erhöhen oder neu einsetzen.

Die Zustimmung des Reichsrats kann gemäß den Vorschriften des Artikel 74 ersetzt werden.

Artikel 86

Über die Verwendung aller Reichseinnahmen legt der Reichsfinanzminister in dem folgenden Rechnungsjahre zur Entlastung der Reichsregierung dem Reichsrat und dem Reichstag Rechnung. Die Rechnungsprüfung wird durch Reichsgesetz geregelt.

Artikel 87

Im Wege des Kredits dürfen Geldmittel nur bei außerordentlichem Bedarf und in der Regel nur für Ausgaben zu werbenden Zwecken beschafft werden. Eine solche Beschaffung sowie die Übernahme einer Sicherheitsleistung zu Lasten des Reichs dürfen nur auf Grund eines Reichsgesetzes erfolgen.

Artikel 88

Das Post- und Telegraphenwesen samt dem Fernsprechwesen ist ausschließlich Sache des Reichs.

Die Postwertzeichen sind für das ganze Reich einheitlich.

Die Reichsregierung erläßt mit Zustimmung des Reichsrats die Verordnungen, welche Grundsätze und Gebühren für die Benutzung der Verkehrseinrichtungen festsetzen. Sie kann diese Befugnis mit Zustimmung des Reichsrats auf den Reichspostminister übertragen.

Zur beratenden Mitwirkung in Angelegenheiten des Post-, Telegraphen- und Fernsprechverkehrs und der Tarife errichtet die Reichsregierung mit Zustimmung des Reichsrats einen Beirat.

Verträge über den Verkehr mit dem Ausland schließt allein das Reich.

Artikel 89

Aufgabe des Reichs ist es, die dem allgemeinen Verkehre dienenden Eisenbahnen in sein Eigentum zu übernehmen und als einheitliche Verkehrsanstalt zu verwalten.

Die Rechte der Länder, Privateisenbahnen zu erwerben, sind auf Verlangen dem Reiche zu übertragen.

Artikel 90

Mit dem Übergang der Eisenbahnen übernimmt das Reich die Enteignungsbefugnis und die staatlichen Hoheitsrechte, die sich auf das Eisenbahnwesen beziehen. Über den Umfang dieser Rechte entscheidet im Streitfall der Staatsgerichtshof.

Artikel 91

Die Reichsregierung erläßt mit Zustimmung des Reichsrats die Verordnungen, die den Bau, den Betrieb und den Verkehr der Eisenbahnen regeln. Sie kann diese Befugnis mit Zustimmung des Reichsrats auf den zuständigen Reichsminister übertragen.

Artikel 92

Die Reichseisenbahnen sind, ungeachtet der Eingliederung ihres Haushalts und ihrer Rechnung in den allgemeinen Haushalt und die allgemeine Rechnung des Reichs, als ein selbständiges wirtschaftliches Unternehmen zu verwalten, das seine Ausgaben einschließlich Verzinsung und Tilgung der Eisenbahnschuld selbst zu bestreiten und eine Eisenbahnrücklage anzusammeln hat. Die Höhe der Tilgung und der Rücklage sowie die Verwendungszwecke der Rücklage sind durch besonderes Gesetz zu regeln.

Artikel 93

Zur beratenden Mitwirkung in Angelegenheiten des Eisenbahnverkehrs und der Tarife errichtet die Reichsregierung für die Reichseisenbahnen mit Zustimmung des Reichsrats Beiräte.

Artikel 94

Hat das Reich die dem allgemeinen Verkehre dienenden Eisenbahnen eines bestimmten Gebiets in seine Verwaltung übernommen, so können innerhalb dieses Gebiets neue, dem allgemeinen Verkehre dienende Eisenbahnen nur vom Reiche oder mit seiner Zustimmung gebaut werden. Berührt der Bau neuer oder die Veränderung bestehender Reichseisenbahnanlagen den Geschäftsbereich der Landespolizei, so hat die Reichseisenbahnverwaltung vor der Entscheidung die Landesbehörden anzuhören.

Wo das Reich die Eisenbahnen noch nicht in seine Verwaltung übernommen hat, kann es für den allgemeinen Verkehr oder die Landesverteidigung als notwendig erachtete Eisenbahnen kraft Reichsgesetzes auch gegen den Widerspruch der Länder, deren Gebiet durchschnitten wird, jedoch unbeschadet der Landeshoheitsrechte, für eigene Rechnung anlegen oder den Bau einem anderen zur Ausführung überlassen, nötigenfalls unter Verleihung des Enteignungsrechts.

Jede Eisenbahnverwaltung muß sich den Anschluß anderer Bahnen auf deren Kosten gefallen lassen.

Artikel 95

Eisenbahnen des allgemeinen Verkehrs, die nicht vom Reiche verwaltet werden, unterliegen der Beaufsichtigung durch das Reich.

Die der Reichsaufsicht unterliegenden Eisenbahnen sind nach den gleichen vom Reiche festgesetzten Grundsätzen anzulegen und auszurüsten. Sie sind in betriebssicherem Zustand zu erhalten und entsprechend den Anforderungen des Verkehrs auszubauen. Personen- und Güterverkehr sind in Übereinstimmung mit dem Bedürfnis zu bedienen und auszugestalten.

Bei der Beaufsichtigung des Tarifwesens ist auf gleichmäßige und niedrige Eisenbahntarife hinzuwirken.

Artikel 96

Alle Eisenbahnen, auch die nicht dem allgemeinen Verkehre dienenden, haben den Anforderungen des Reichs auf Benutzung der Eisenbahnen zum Zwecke der Landesverteidigung Folge zu leisten.

Artikel 97

Aufgabe des Reichs ist es, die dem allgemeinen Verkehre dienenden Wasserstraßen in sein Eigentum und seine Verwaltung zu übernehmen.

Nach der Übernahme können dem allgemeinen Verkehre dienende Wasserstraßen nur noch vom Reiche oder mit seiner Zustimmung angelegt oder ausgebaut werden.

Bei der Verwaltung, dem Ausbau oder dem Neubau von Wasserstraßen sind die Bedürfnisse der Landeskultur und der Wasserwirtschaft im Einvernehmen mit den Ländern zu wahren. Auch ist auf deren Förderung Rücksicht zu nehmen.

Jede Wasserstraßenverwaltung hat sich den Anschluß anderer Binnenwasserstraßen auf Kosten der Unternehmer gefallen zu lassen. Die gleiche Verpflichtung besteht für die Herstellung einer Verbindung zwischen Binnenwasserstraßen und Eisenbahnen.

Mit dem Übergange der Wasserstraßen erhält das Reich die Enteignungsbefugnis, die Tarifhoheit sowie die Strom- und Schiffahrtspolizei.

Die Aufgaben der Strombauverbände in bezug auf den Ausbau natürlicher Wasserstraßen im Rhein-, Weser- und Elbgebiet sind auf das Reich zu übernehmen.

Artikel 98

Zur Mitwirkung in Angelegenheiten der Wasserstraßen werden bei den Reichswasserstraßen nach näherer Anordnung der Reichsregierung unter Zustimmung des Reichsrats Beiräte gebildet.

Artikel 99

Auf natürlichen Wasserstraßen dürfen Abgaben nur für solche Werke, Einrichtungen und sonstige Anstalten erhoben werden, die zur Erleichterung des Verkehrs bestimmt sind. Sie dürfen bei staatlichen und kommunalen Anstalten die zur Herstellung und Unterhaltung erforderlichen Kosten nicht übersteigen. Die Herstellungs- und Unterhaltungskosten für Anstalten, die nicht ausschließlich zur Erleichterung des Verkehrs, sondern auch zur Förderung anderer Zwecke bestimmt sind, dürfen nur zu einem verhältnismäßigen Anteil durch Schiffahrtsabgaben aufgebracht werden. Als Herstellungskosten gelten die Zinsen und Tilgungsbeträge für die aufgewandten Mittel.

Die Vorschriften des vorstehenden Absatzes finden Anwendung auf die Abgaben, die für künstliche Wasserstraßen sowie für Anstalten an solchen und in Häfen erhoben werden.

Im Bereiche der Binnenschiffahrt können für die Bemessung der Befahrungsabgaben die Gesamtkosten einer Wasserstraße, eines Stromgebiets oder eines Wasserstraßennetzes zugrunde gelegt werden.
Diese Bestimmungen gelten auch für die Flößerei auf schiffbaren Wasserstraßen.

Auf fremde Schiffe und deren Ladungen andere oder höhere Abgaben zu legen als auf deutsche Schiffe und deren Ladungen, steht nur dem Reiche zu.

Zur Beschaffung von Mitteln für die Unterhaltung und den Ausbau des deutschen Wasserstraßennetzes kann das Reich die Schiffahrtsbeteiligten auch auf andere Weise durch Gesetz zu Beiträgen heranziehen.

Artikel 100

Zur Deckung der Kosten für Unterhaltung und Bau von Binnenschiffahrtswegen kann durch ein Reichsgesetz auch herangezogen werden, wer aus dem Bau von Talsperren in anderer Weise als durch Befahrung Nutzen zieht, sofern mehrere Länder beteiligt sind oder das Reich die Kosten der Anlage trägt.

Artikel 101

Aufgabe des Reichs ist es, alle Seezeichen, insbesondere Leuchtfeuer, Feuerschiffe, Bojen, Tonnen und Baken in sein Eigentum und seine Verwaltung zu übernehmen. Nach der Übernahme können Seezeichen nur noch vom Reiche oder mit seiner Zustimmung hergestellt oder ausgebaut werden.

Siebenter Abschnitt: Die Rechtspflege

Artikel 102

Die Richter sind unabhängig und nur dem Gesetz unterworfen.

Artikel 103

Die ordentliche Gerichtsbarkeit wird durch das Reichsgericht und durch die Gerichte der Länder ausgeübt.

Artikel 104

Die Richter der ordentlichen Gerichtsbarkeit werden auf Lebenszeit ernannt. Sie können wider ihren Willen nur kraft richterlicher Entscheidung und nur aus den Gründen und unter den Formen, welche die Gesetze bestimmen, dauernd oder zeitweise ihres Amtes enthoben oder an eine andere Stelle oder in den Ruhestand versetzt werden. Die Gesetzgebung kann Altersgrenzen festsetzen, bei deren Erreichung Richter in den Ruhestand treten.

Die vorläufige Amtsenthebung, die kraft Gesetzes eintritt, wird hierdurch nicht berührt.

Bei einer Veränderung in der Einrichtung der Gerichte oder ihrer Bezirke kann die Landesjustizverwaltung unfreiwillige Versetzungen an ein anderes Gericht oder Entfernungen vom Amte, jedoch nur unter Belassung des vollen Gehalts, verfügen.

Auf Handelsrichter, Schöffen und Geschworene finden diese Bestimmungen keine Anwendung.

Artikel 105

Ausnahmegerichte sind unstatthaft. Niemand darf seinem gesetzlichen Richter entzogen werden. Die gesetzlichen Bestimmungen über Kriegsgerichte und Standgerichte werden hiervon nicht berührt. Die militärischen Ehrengerichte sind aufgehoben.

Artikel 106

Die Militärgerichtsbarkeit ist aufzuheben, außer für Kriegszeiten und an Bord der Kriegsschiffe. Das Nähere regelt ein Reichsgesetz.

Artikel 107

Im Reiche und in den Ländern müssen nach Maßgabe der Gesetze Verwaltungsgerichte zum Schutze der einzelnen gegen Anordnungen und Verfügungen der Verwaltungsbehörden bestehen.

Artikel 108

Nach Maßgabe eines Reichsgesetzes wird ein Staatsgerichtshof für das Deutsche Reich errichtet.

Zweiter Hauptteil: **Grundrechte und Grundpflichten der Deutschen**

Erster Abschnitt: Die Einzelperson

Artikel 109

Alle Deutschen sind vor dem Gesetze gleich.

Männer und Frauen haben grundsätzlich dieselben staatsbürgerlichen Rechte und Pflichten.

Öffentlich-rechtliche Vorrechte oder Nachteile der Geburt oder des Standes sind aufzuheben. Adelsbezeichnungen gelten nur als Teil des Namens und dürfen nicht mehr verliehen werden.

Titel dürfen nur verliehen werden, wenn sie ein Amt oder einen Beruf bezeichnen; akademische Grade sind hierdurch nicht betroffen.

Orden und Ehrenzeichen dürfen vom Staat nicht verliehen werden.

Kein Deutscher darf von einer ausländischen Regierung Titel oder Orden annehmen.

Artikel 110

Die Staatsangehörigkeit im Reiche und in den Ländern wird nach den Bestimmungen eines Reichsgesetzes erworben und verloren. Jeder Angehörige eines Landes ist zugleich Reichsangehöriger.

Jeder Deutsche hat in jedem Lande des Reichs die gleichen Rechte und Pflichten wie die Angehörigen des Landes selbst.

Artikel 111

Alle Deutschen genießen Freizügigkeit im ganzen Reiche. Jeder hat das Recht, sich an beliebigem Orte des Reichs aufzuhalten und niederzulassen, Grundstücke zu erwerben und jeden Nahrungszweig zu betreiben. Einschränkungen bedürfen eines Reichsgesetzes.

Artikel 112

Jeder Deutsche ist berechtigt, nach außerdeutschen Ländern auszuwandern. Die Auswanderung kann nur durch Reichsgesetz beschränkt werden.

Dem Ausland gegenüber haben alle Reichsangehörigen inner- und außerhalb des Reichsgebiets Anspruch auf den Schutz des Reichs.

Kein Deutscher darf einer ausländischen Regierung zur Verfolgung oder Bestrafung überliefert werden.

Artikel 113

Die fremdsprachigen Volksteile des Reichs dürfen durch die Gesetzgebung und Verwaltung nicht in ihrer freien, volkstümlichen Entwicklung, besonders nicht im Gebrauch ihrer Muttersprache beim Unterricht, sowie bei der inneren Verwaltung und der Rechtspflege beeinträchtigt werden.

Artikel 114

Die Freiheit der Person ist unverletzlich. Eine Beeinträchtigung oder Entziehung der persönlichen Freiheit durch die öffentliche Gewalt ist nur auf Grund von Gesetzen zulässig.

Personen, denen die Freiheit entzogen wird, sind spätestens am darauffolgenden Tage in Kenntnis zu setzen, von welcher Behörde und aus welchen Gründen die Entziehung der Freiheit angeordnet worden ist; unverzüglich soll ihnen Gelegenheit gegeben werden, Einwendungen gegen ihre Freiheitsentziehung vorzubringen.

Artikel 115

Die Wohnung jedes Deutschen ist für ihn eine Freistätte und unverletzlich. Ausnahmen sind nur auf Grund von Gesetzen zulässig.

Artikel 116

Eine Handlung kann nur dann mit einer Strafe belegt werden, wenn die Strafbarkeit gesetzlich bestimmt war, bevor die Handlung begangen wurde.

Artikel 117

Das Briefgeheimnis sowie das Post-, Telegraphen- und Fernsprechgeheimnis sind unverletzlich. Ausnahmen können nur durch Reichsgesetz zugelassen werden.

Artikel 118

Jeder Deutsche hat das Recht, innerhalb der Schranken der allgemeinen Gesetze seine Meinung durch Wort, Schrift, Druck, Bild oder in sonstiger Weise frei zu äußern. An diesem Rechte darf ihn kein Arbeits- oder Anstellungsverhältnis hindern, und niemand darf ihn benachteiligen, wenn er von diesem Rechte Gebrauch macht.

Eine Zensur findet nicht statt, doch können für Lichtspiele durch Gesetz abweichende Bestimmungen getroffen werden. Auch sind zur Bekämpfung der Schund- und Schmutzliteratur sowie zum Schutze der Jugend bei öffentlichen Schaustellungen und Darbietungen gesetzliche Maßnahmen zulässig.

Zweiter Abschnitt: Das Gemeinschaftsleben

Artikel 119

Die Ehe steht als Grundlage des Familienlebens und der Erhaltung und Vermehrung der Nation unter dem besonderen Schutz der Verfassung. Sie beruht auf der Gleichberechtigung der beiden Geschlechter.

Die Reinerhaltung, Gesundung und soziale Förderung der Familie ist Aufgabe des Staats und der Gemeinden. Kinderreiche Familien haben Anspruch auf ausgleichende Fürsorge.

Die Mutterschaft hat Anspruch auf den Schutz und die Fürsorge des Staats.

Artikel 120

Die Erziehung des Nachwuchses zur leiblichen, seelischen und gesellschaftlichen Tüchtigkeit ist oberste Pflicht und natürliches Recht der Eltern, über deren Betätigung die staatliche Gemeinschaft wacht.

Artikel 121

Den unehelichen Kindern sind durch die Gesetzgebung die gleichen Bedingungen für ihre leibliche, seelische und gesellschaftliche Entwicklung zu schaffen wie den ehelichen Kindern.

Artikel 122

Die Jugend ist gegen Ausbeutung sowie gegen sittliche, geistige oder körperliche Verwahrlosung zu schützen. Staat und Gemeinde haben die erforderlichen Einrichtungen zu treffen.

Fürsorgemaßregeln im Wege des Zwanges können nur auf Grund des Gesetzes angeordnet werden.

Artikel 123

Alle Deutschen haben das Recht, sich ohne Anmeldung oder besondere Erlaubnis friedlich und unbewaffnet zu versammeln.

Versammlungen unter freiem Himmel können durch Reichsgesetz anmeldepflichtig gemacht und bei unmittelbarer Gefahr für die öffentliche Sicherheit verboten werden.

Artikel 124

Alle Deutschen haben das Recht, zu Zwecken, die den Strafgesetzen nicht zuwiderlaufen, Vereine oder Gesellschaften zu bilden. Dieses Recht kann nicht durch Vorbeugungsmaßregeln beschränkt werden. Für religiöse Vereine und Gesellschaften gelten dieselben Bestimmungen.

Der Erwerb der Rechtsfähigkeit steht jedem Verein gemäß den Vorschriften des bürgerlichen Rechts frei. Er darf einem Vereine nicht aus dem Grunde versagt werden, daß er einen politischen, sozialpolitischen oder religiösen Zweck verfolgt.

Artikel 125

Wahlfreiheit und Wahlgeheimnis sind gewährleistet. Das Nähere bestimmen die Wahlgesetze.

Artikel 126

Jeder Deutsche hat das Recht, sich schriftlich mit Bitten oder Beschwerden an die zuständige Behörde oder an die Volksvertretung zu wenden. Dieses Recht kann sowohl von einzelnen als auch von mehreren gemeinsam ausgeübt werden.

Artikel 127

Gemeinden und Gemeindeverbände haben das Recht der Selbstverwaltung innerhalb der Schranken der Gesetze.

Artikel 128

Alle Staatsbürger ohne Unterschied sind nach Maßgabe der Gesetze und entsprechend ihrer Befähigung und ihren Leistungen zu den öffentlichen Ämtern zuzulassen.

Alle Ausnahmebestimmungen gegen weibliche Beamte werden beseitigt.

Die Grundlagen des Beamtenverhältnisses sind durch Reichsgesetz zu regeln.

Artikel 129

Die Anstellung der Beamten erfolgt auf Lebenszeit, soweit nicht durch Gesetz etwas anderes bestimmt ist. Ruhegehalt und Hinterbliebenenversorgung werden gesetzlich geregelt. Die wohlerworbenen Rechte der Beamten sind unverletzlich. Für die vermögensrechtlichen Ansprüche der Beamten steht der Rechtsweg offen.

Die Beamten können nur unter den gesetzlich bestimmten Voraussetzungen und Formen vorläufig ihres Amtes enthoben, einstweilen oder endgültig in den Ruhestand oder in ein anderes Amt mit geringerem Gehalt versetzt werden.

Gegen jedes dienstliche Straferkenntnis muß ein Beschwerdeweg und die Möglichkeit eines Wiederaufnahmeverfahrens eröffnet sein. In die Nachweise über die Person des Beamten sind Eintragungen von ihm ungünstigen Tatsachen erst vorzunehmen, wenn dem Beamten Gelegenheit gegeben war, sich über sie zu äußern. Dem Beamten ist Einsicht in seine Personalnachweise zu gewähren.

Die Unverletzlichkeit der wohlerworbenen Rechte und die Offenhaltung des Rechtswegs für die vermögensrechtlichen Ansprüche werden besonders auch den Berufssoldaten gewährleistet. Im übrigen wird ihre Stellung durch Reichsgesetz geregelt.

Artikel 130

Die Beamten sind Diener der Gesamtheit, nicht einer Partei.

Allen Beamten wird die Freiheit ihrer politischen Gesinnung und die Vereinigungsfreiheit gewährleistet.

Die Beamten erhalten nach näherer reichsgesetzlicher Bestimmung besondere Beamtenvertretungen.

Artikel 131

Verletzt ein Beamter in Ausübung der ihm anvertrauten öffentlichen Gewalt die ihm einem Dritten gegenüber obliegende Amtspflicht, so trifft die Verantwortlichkeit grundsätzlich den Staat oder die Körperschaft, in deren Dienste der Beamte steht. Der Rückgriff gegen den Beamten bleibt vorbehalten. Der ordentliche Rechtsweg darf nicht ausgeschlossen werden.

Die nähere Regelung liegt der zuständigen Gesetzgebung ob.

Artikel 132

Jeder Deutsche hat nach Maßgabe der Gesetze die Pflicht zur Übernahme ehrenamtlicher Tätigkeiten.

Artikel 133

Alle Staatsbürger sind verpflichtet, nach Maßgabe der Gesetze persönliche Dienste für den Staat und die Gemeinde zu leisten.

Die Wehrpflicht richtet sich nach den Bestimmungen des Reichswehrgesetzes. Dieses bestimmt auch, wieweit für Angehörige der Wehrmacht zur Erfüllung ihrer Aufgaben und zur Erhaltung der Manneszucht einzelne Grundrechte einzuschränken sind.

Artikel 134

Alle Staatsbürger ohne Unterschied tragen im Verhältnis ihrer Mittel zu allen öffentlichen Lasten nach Maßgabe der Gesetze bei.

Dritter Abschnitt: Religion und Religionsgesellschaften

Artikel 135

Alle Bewohner des Reichs genießen volle Glaubens- und Gewissensfreiheit. Die ungestörte Religionsausübung wird durch die Verfassung gewährleistet und steht unter staatlichem Schutz. Die allgemeinen Staatsgesetze bleiben hiervon unberührt.

Artikel 136

Die bürgerlichen und staatsbürgerlichen Rechte und Pflichten werden durch die Ausübung der Religionsfreiheit weder bedingt noch beschränkt.

Der Genuß bürgerlicher und staatsbürgerlicher Rechte sowie die Zulassung zu öffentlichen Ämtern sind unabhängig von dem religiösen Bekenntnis.

Niemand ist verpflichtet, seine religiöse Überzeugung zu offenbaren. Die Behörden haben nur soweit das Recht, nach der Zugehörigkeit zu einer Religionsgesellschaft zu fragen, als davon Rechte und Pflichten abhängen oder eine gesetzlich angeordnete statistische Erhebung dies erfordert.

Niemand darf zu einer kirchlichen Handlung oder Feierlichkeit oder zur Teilnahme an religiösen Übungen oder zur Benutzung einer religiösen Eidesform gezwungen werden.

Artikel 137

Es besteht keine Staatskirche.

Die Freiheit der Vereinigung zu Religionsgesellschaften wird gewährleistet. Der Zusammenschluß von Religionsgesellschaften innerhalb des Reichsgebiets unterliegt keinen Beschränkungen.

Jede Religionsgesellschaft ordnet und verwaltet ihre Angelegenheiten selbständig innerhalb der Schranken des für alle geltenden Gesetzes. Sie verleiht ihre Ämter ohne Mitwirkung des Staates oder der bürgerlichen Gemeinde.

Religionsgesellschaften erwerben die Rechtsfähigkeit nach den allgemeinen Vorschriften des bürgerlichen Rechtes.

Die Religionsgesellschaften bleiben Körperschaften des öffentlichen Rechtes, soweit sie solche bisher waren. Anderen Religionsgesellschaften sind auf ihren Antrag gleiche Rechte zu gewähren, wenn sie durch ihre Verfassung und die Zahl ihrer Mitglieder die Gewähr der Dauer bieten. Schließen sich mehrere derartige öffentlich-rechtliche Religionsgesellschaften zu einem Verbande zusammen, so ist auch dieser Verband eine öffentlich-rechtliche Körperschaft.

Die Religionsgesellschaften, welche Körperschaften des öffentlichen Rechtes sind, sind berechtigt, auf Grund der bürgerlichen Steuerlisten nach Maßgabe der landesrechtlichen Bestimmungen Steuern zu erheben.

Den Religionsgesellschaften werden die Vereinigungen gleichgestellt, die sich die gemeinschaftliche Pflege einer Weltanschauung zur Aufgabe machen.

Soweit die Durchführung dieser Bestimmungen eine weitere Regelung erfordert, liegt diese der Landesgesetzgebung ob.

Artikel 138

Die auf Gesetz, Vertrag oder besonderen Rechtstiteln beruhenden Staatsleistungen an die Religionsgesellschaften werden durch die Landesgesetzgebung abgelöst. Die Grundsätze hierfür stellt das Reich auf.

Das Eigentum und andere Rechte der Religionsgesellschaften und religiösen Vereine an ihren für Kultus-, Unterrichts- und Wohltätigkeitszwecke bestimmten Anstalten, Stiftungen und sonstigen Vermögen werden gewährleistet.

Artikel 139

Der Sonntag und die staatlich anerkannten Feiertage bleiben als Tage der Arbeitsruhe und der seelischen Erhebung gesetzlich geschützt.

Artikel 140

Den Angehörigen der Wehrmacht ist die nötige freie Zeit zur Erfüllung ihrer religiösen Pflichten zu gewähren.

Artikel 141

Soweit das Bedürfnis nach Gottesdienst und Seelsorge im Heer, in Krankenhäusern, Strafanstalten oder sonstigen öffentlichen Anstalten besteht, sind die Religionsgesellschaften zur Vornahme religiöser Handlungen zuzulassen, wobei jeder Zwang fernzuhalten ist.

Vierter Abschnitt: Bildung und Schule

Artikel 142

Die Kunst, die Wissenschaft und ihre Lehre sind frei. Der Staat gewährt ihnen Schutz und nimmt an ihrer Pflege teil.

Artikel 143

Für die Bildung der Jugend ist durch öffentliche Anstalten zu sorgen. Bei ihrer Einrichtung wirken Reich, Länder und Gemeinden zusammen.

Die Lehrerbildung ist nach den Grundsätzen, die für die höhere Bildung allgemein gelten, für das Reich einheitlich zu regeln.

Die Lehrer an öffentlichen Schulen haben die Rechte und Pflichten der Staatsbeamten.

Artikel 144

Das gesamte Schulwesen steht unter der Aufsicht des Staates; er kann die Gemeinden daran beteiligen. Die Schulaufsicht wird durch hauptamtlich tätige, fachmännisch vorgebildete Beamte ausgeübt.

Artikel 145

Es besteht allgemeine Schulpflicht. Ihrer Erfüllung dient grundsätzlich die Volksschule mit mindestens acht Schuljahren und die anschließende Fortbildungsschule bis zum vollendeten achtzehnten Lebensjahre. Der Unterricht und die Lernmittel in den Volksschulen und Fortbildungsschulen sind unentgeltlich.

Artikel 146

Das öffentliche Schulwesen ist organisch auszugestalten. Auf einer für alle gemeinsamen Grundschule baut sich das mittlere und höhere Schulwesen auf. Für diesen Aufbau ist die Mannigfaltigkeit der Lebensberufe, für die Aufnahme eines Kindes in eine bestimmte Schule sind seine Anlage und Neigung, nicht die wirtschaftliche und gesellschaftliche Stellung oder das Religionsbekenntnis seiner Eltern maßgebend.

Innerhalb der Gemeinden sind indes auf Antrag von Erziehungsberechtigten Volksschulen ihres Bekenntnisses oder ihrer Weltanschauung einzurichten, soweit hierdurch ein geordneter Schulbetrieb, auch im Sinne des Abs. 1, nicht beeinträchtigt wird. Der Wille der Erziehungsberechtigten ist möglichst zu berücksichtigen. Das Nähere bestimmt die Landesgesetzgebung nach den Grundsätzen eines Reichsgesetzes.

Für den Zugang Minderbemittelter zu den mittleren und höheren Schulen sind durch Reich, Länder und Gemeinden öffentliche Mittel bereitzustellen, insbesondere Erziehungsbeihilfen für die Eltern von Kindern, die zur Ausbildung auf mittleren und höheren Schulen für geeignet erachtet werden, bis zur Beendigung der Ausbildung.

Artikel 147

Private Schulen als Ersatz für öffentliche Schulen bedürfen der Genehmigung des Staates und unterstehen den Landesgesetzen. Die Genehmigung ist zu erteilen, wenn die Privatschulen in ihren Lehrzielen und Einrichtungen sowie in der wissenschaftlichen Ausbildung ihrer Lehrkräfte nicht hinter den öffentlichen Schulen zurückstehen und eine Sonderung der Schüler nach den Besitzverhältnissen der Eltern nicht gefördert wird. Die Genehmigung ist zu versagen, wenn die wirtschaftliche und rechtliche Stellung der Lehrkräfte nicht genügend gesichert ist.

Private Volksschulen sind nur zuzulassen, wenn für eine Minderheit von Erziehungsberechtigten, deren Wille nach Artikel 146 Abs. 2 zu berücksichtigen ist, eine öffentliche Volksschule ihres Bekenntnisses oder ihrer Weltanschauung in der Gemeinde nicht besteht oder die Unterrichtsverwaltung ein besonderes pädagogisches Interesse anerkennt.

Private Vorschulen sind aufzuheben.

Für private Schulen, die nicht als Ersatz für öffentliche Schulen dienen, verbleibt es bei dem geltenden Recht.

Artikel 148

In allen Schulen ist sittliche Bildung, staatsbürgerliche Gesinnung, persönliche und berufliche Tüchtigkeit im Geiste des deutschen Volkstums und der Völkerversöhnung zu erstreben.

Beim Unterricht in öffentlichen Schulen ist Bedacht zu nehmen, daß die Empfindungen Andersdenkender nicht verletzt werden.

Staatsbürgerkunde und Arbeitsunterricht sind Lehrfächer der Schulen. Jeder Schüler erhält bei Beendigung der Schulpflicht einen Abdruck der Verfassung.

Das Volksbildungswesen, einschließlich der Volkshochschulen, soll von Reich, Ländern und Gemeinden gefördert werden.

Artikel 149

Der Religionsunterricht ist ordentliches Lehrfach der Schulen mit Ausnahme der bekenntnisfreien (weltlichen) Schulen. Seine Erteilung wird im Rahmen der Schulgesetzgebung geregelt. Der Religionsunterricht wird in Übereinstimmung mit den Grundsätzen der betreffenden Religionsgesellschaft unbeschadet des Aufsichtsrechts des Staates erteilt.

ie Erteilung religiösen Unterrichts und die Vornahme kirchlicher Verrichtungen bleibt der Willenserklärung der Lehrer, die Teilnahme an religiösen Unterrichtsfächern und an kirchlichen Feiern und Handlungen der Willenserklärung desjenigen überlassen, der über die religiöse Erziehung des Kindes zu bestimmen hat.

Die theologischen Fakultäten an den Hochschulen bleiben erhalten.

Artikel 150

Die Denkmäler der Kunst, der Geschichte und der Natur sowie die Landschaft genießen den Schutz und die Pflege des Staates.

Es ist Sache des Reichs, die Abwanderung deutschen Kunstbesitzes in das Ausland zu verhüten.

Fünfter Abschnitt: Das Wirtschaftsleben

Artikel 151

Die Ordnung des Wirtschaftslebens muß den Grundsätzen der Gerechtigkeit mit dem Ziele der Gewährleistung eines menschenwürdigen Daseins für alle entsprechen. In diesen Grenzen ist die wirtschaftliche Freiheit des Einzelnen zu sichern.

Gesetzlicher Zwang ist nur zulässig zur Verwirklichung bedrohter Rechte oder im Dienst überragender Forderungen des Gemeinwohls.

Die Freiheit des Handels und Gewerbes wird nach Maßgabe der Reichsgesetze gewährleistet.

Artikel 152

Im Wirtschaftsverkehr gilt Vertragsfreiheit nach Maßgabe der Gesetze.

Wucher ist verboten. Rechtsgeschäfte, die gegen die guten Sitten verstoßen, sind nichtig.

Artikel 153

Das Eigentum wird von der Verfassung gewährleistet. Sein Inhalt und seine Schranken ergeben sich aus den Gesetzen.

Eine Enteignung kann nur zum Wohle der Allgemeinheit und auf gesetzlicher Grundlage vorgenommen werden. Sie erfolgt gegen angemessene Entschädigung, soweit nicht ein Reichsgesetz etwas anderes bestimmt. Wegen der Höhe der Entschädigung ist im Streitfalle der Rechtsweg bei den ordentlichen Gerichten offen zu halten, soweit Reichsgesetze nichts anderes bestimmen. Enteignung durch das Reich gegenüber Ländern, Gemeinden und gemeinnützigen Verbänden kann nur gegen Entschädigung erfolgen.

Eigentum verpflichtet. Sein Gebrauch soll zugleich Dienst sein für das Gemeine Beste.

Artikel 154

Das Erbrecht wird nach Maßgabe des bürgerlichen Rechtes gewährleistet.

Der Anteil des Staates am Erbgut bestimmt sich nach den Gesetzen.

Artikel 155

Die Verteilung und Nutzung des Bodens wird von Staats wegen in einer Weise überwacht, die Mißbrauch verhütet und dem Ziele zustrebt, jedem Deutschen eine gesunde Wohnung und allen deutschen Familien, besonders den kinderreichen, eine ihren Bedürfnissen entsprechende Wohn- und Wirtschaftsheimstätte zu sichern. Kriegsteilnehmer sind bei dem zu schaffenden Heimstättenrecht besonders zu berücksichtigen.

Grundbesitz, dessen Erwerb zur Befriedigung des Wohnungsbedürfnisses, zur Förderung der Siedlung und Urbarmachung oder zur Hebung der Landwirtschaft nötig ist, kann enteignet werden. Die Fideikommisse sind aufzulösen.

Die Bearbeitung und Ausnutzung des Bodens ist eine Pflicht des Grundbesitzers gegenüber der Gemeinschaft. Die Wertsteigerung des Bodens, die ohne eine Arbeits- oder Kapitalaufwendung auf das Grundstück entsteht, ist für die Gesamtheit nutzbar zu machen.

Alle Bodenschätze und alle wirtschaftlich nutzbaren Naturkräfte stehen unter Aufsicht des Staates. Private Regale sind im Wege der Gesetzgebung auf den Staat zu überführen.

Artikel 156

Das Reich kann durch Gesetz, unbeschadet der Entschädigung, in sinngemäßer Anwendung der für Enteignung geltenden Bestimmungen, für die Vergesellschaftung geeignete private wirtschaftliche Unternehmungen in Gemeineigentum überführen. Es kann sich selbst, die Länder oder die Gemeinden an der Verwaltung wirtschaftlicher Unternehmungen und Verbände beteiligen oder sich daran in anderer Weise einen bestimmenden Einfluß sichern.

Das Reich kann ferner im Falle dringenden Bedürfnisses zum Zwecke der Gemeinwirtschaft durch Gesetz wirtschaftliche Unternehmungen und Verbände auf der Grundlage der Selbstverwaltung zusammenschließen mit dem Ziele, die Mitwirkung aller schaffenden Volksteile zu sichern, Arbeitgeber und Arbeitnehmer an der Verwaltung zu beteiligen und Erzeugung, Herstellung, Verteilung, Verwendung, Preisgestaltung sowie Ein- und Ausfuhr der Wirtschaftsgüter nach gemeinwirtschaftlichen Grundsätzen zu regeln.

Die Erwerbs- und Wirtschaftsgenossenschaften und deren Vereinigungen sind auf ihr Verlangen unter Berücksichtigung ihrer Verfassung und Eigenart in die Gemeinwirtschaft einzugliedern.

Artikel 157

Die Arbeitskraft steht unter dem besonderen Schutz des Reichs.

Das Reich schafft ein einheitliches Arbeitsrecht.

Artikel 158

Die geistige Arbeit, das Recht der Urheber, der Erfinder und der Künstler genießt den Schutz und die Fürsorge des Reichs.

Den Schöpfungen deutscher Wissenschaft, Kunst und Technik ist durch zwischenstaatliche Vereinbarung auch im Ausland Geltung und Schutz zu verschaffen.

Artikel 159

Die Vereinigungsfreiheit zur Wahrung und Förderung der Arbeits- und Wirtschaftsbedingungen ist für jedermann und für alle Berufe gewährleistet. Alle Abreden und Maßnahmen, welche diese Freiheit einzuschränken oder zu behindern suchen, sind rechtswidrig.

Artikel 160

Wer in einem Dienst- oder Arbeitsverhältnis als Angestellter oder Arbeiter steht, hat das Recht auf die zur Wahrnehmung staatsbürgerlicher Rechte und, soweit dadurch der Betrieb nicht erheblich geschädigt wird, zur Ausübung ihm übertragener öffentlicher Ehrenämter nötige freie Zeit. Wieweit ihm der Anspruch auf Vergütung erhalten bleibt, bestimmt das Gesetz.

Artikel 161

Zur Erhaltung der Gesundheit und Arbeitsfähigkeit, zum Schutz der Mutterschaft und zur Vorsorge gegen die wirtschaftlichen Folgen von Alter, Schwäche und Wechselfällen des Lebens schafft das Reich ein umfassendes Versicherungswesen unter maßgebender Mitwirkung der Versicherten.

Artikel 162

Das Reich tritt für eine zwischenstaatliche Regelung der Rechtsverhältnisse der Arbeiter ein, die für die gesamte arbeitende Klasse der Menschheit ein allgemeines Mindestmaß der sozialen Rechte erstrebt.

Artikel 163

Jeder Deutsche hat unbeschadet seiner persönlichen Freiheit die sittliche Pflicht, seine geistigen und körperlichen Kräfte so zu betätigen, wie es das Wohl der Gesamtheit erfordert.

Jedem Deutschen soll die Möglichkeit gegeben werden, durch wirtschaftliche Arbeit seinen Unterhalt zu erwerben. Soweit ihm angemessene Arbeitsgelegenheit nicht nachgewiesen werden kann, wird für seinen notwendigen Unterhalt gesorgt. Das Nähere wird durch besondere Reichsgesetze bestimmt.

Artikel 164

Der selbständige Mittelstand in Landwirtschaft, Gewerbe und Handel ist in Gesetzgebung und Verwaltung zu fördern und gegen Überlastung und Aufsaugung zu schützen.

Artikel 165

Die Arbeiter und Angestellten sind dazu berufen, gleichberechtigt in Gemeinschaft mit den Unternehmern an der Regelung der Lohn- und Arbeitsbedingungen sowie an der gesamten wirtschaftlichen Entwicklung der produktiven Kräfte mitzuwirken. Die beiderseitigen Organisationen und ihre Vereinbarungen werden anerkannt.

Die Arbeiter und Angestellten erhalten zur Wahrnehmung ihrer sozialen und wirtschaftlichen Interessen gesetzliche Vertretungen in Betriebsarbeiterräten sowie in nach Wirtschaftsgebieten gegliederten Bezirksarbeiterräten und in einem Reichsarbeiterrat.

Die Bezirksarbeiterräte und der Reichsarbeiterrat treten zur Erfüllung der gesamten wirtschaftlichen Aufgaben und zur Mitwirkung bei der Ausführung der Sozialisierungsgesetze mit den Vertretungen der Unternehmer und sonst beteiligter Volkskreise zu Bezirkswirtschaftsräten und zu einem Reichswirtschaftsrat zusammen. Die Bezirkswirtschaftsräte und der Reichswirtschaftsrat sind so zu gestalten, daß alle wichtigen Berufsgruppen entsprechend ihrer wirtschaftlichen und sozialen Bedeutung darin vertreten sind.

Sozialpolitische und wirtschaftspolitische Gesetzentwürfe von grundlegender Bedeutung sollen von der Reichsregierung vor ihrer Einbringung dem Reichswirtschaftsrat zur Begutachtung vorgelegt werden. Der Reichswirtschaftsrat hat das Recht, selbst solche Gesetzesvorlagen zu beantragen. Stimmt ihnen die Reichsregierung nicht zu, so hat sie trotzdem die Vorlage unter Darlegung ihres Standpunkts beim Reichstag einzubringen. Der Reichswirtschaftsrat kann die Vorlage durch eines seiner Mitglieder vor dem Reichstag vertreten lassen.

Den Arbeiter- und Wirtschaftsräten können auf den ihnen überwiesenen Gebieten Kontroll- und Verwaltungsbefugnisse übertragen werden.

Aufbau und Aufgabe der Arbeiter- und Wirtschaftsräte sowie ihr Verhältnis zu anderen sozialen Selbstverwaltungskörpern zu regeln, ist ausschließlich Sache des Reichs.

Übergangs- und Schlußbestimmungen

Artikel 166

Bis zur Errichtung des Reichsverwaltungsgerichts tritt an seine Stelle für die Bildung des Wahlprüfungsgerichts das Reichsgericht.

Artikel 167

Die Bestimmungen des Artikel 18 Abs. 3 bis 6 treten erst zwei Jahre nach Verkündung der Reichsverfassung in Kraft.

Artikel 168

Bis zum Erlaß des im Artikel 63 vorgesehenen Landesgesetzes, aber höchstens auf die Dauer eines Jahres, können die sämtlichen preußischen Stimmen im Reichsrat von Mitgliedern der Regierung abgegeben werden.

Artikel 169

Der Zeitpunkt des Inkrafttretens der Bestimmung im Artikel 83 Abs. 1 wird durch die Reichsregierung festgesetzt.
Für eine angemessene Übergangszeit kann die Erhebung und Verwaltung der Zölle und Verbrauchssteuern den Ländern auf ihren Wunsch belassen werden.

Artikel 170

Die Post- und Telegraphenverwaltungen Bayerns und Württembergs gehen spätestens am 1. April 1921 auf das Reich über.
Soweit bis zum 1. Oktober 1920 noch keine Verständigung über die Bedingungen der Übernahme erzielt ist, entscheidet der Staatsgerichtshof.
Bis zur Übernahme bleiben die bisherigen Rechte und Pflichten Bayerns und Württembergs in Kraft. Der Post- und Telegraphenverkehr mit den Nachbarstaaten des Auslandes wird jedoch ausschließlich vom Reiche geregelt.

Artikel 171

Die Staatseisenbahnen, Wasserstraßen und Seezeichen gehen spätestens am 1. April 1921 auf das Reich über.

Soweit bis zum 1. Oktober 1920 noch keine Verständigung über die Bedingungen der Übernahme erzielt ist, entscheidet der Staatsgerichtshof.

Artikel 172

Bis zum Inkrafttreten des Reichsgesetzes über den Staatsgerichtshof übt seine Befugnisse ein Senat von sieben Mitgliedern aus, wovon der Reichstag vier und das Reichsgericht aus seiner Mitte drei wählt. Sein Verfahren regelt er selbst.

Artikel 173

Bis zum Erlaß eines Reichsgesetzes gemäß Artikel 138 bleiben die bisherigen auf Gesetz, Vertrag oder besonderen Rechtstiteln beruhenden Staatsleistungen an die Religionsgesellschaften bestehen.

Artikel 174

Bis zum Erlaß des in Artikel 146 Abs. 2 vorgesehenen Reichsgesetzes bleibt es bei der bestehenden Rechtslage. Das Gesetz hat Gebiete des Reichs, in denen eine nach Bekenntnissen nicht getrennte Schule gesetzlich besteht, besonders zu berücksichtigen.

Artikel 175

Die Bestimmung des Artikel 109 findet keine Anwendung auf Orden und Ehrenzeichen, die für Verdienste in den Kriegsjahren 1914-1919 verliehen werden sollen.

Artikel 176

Alle öffentlichen Beamten und Angehörigen der Wehrmacht sind auf diese Verfassung zu vereidigen. Das Nähere wird durch Verordnung des Reichspräsidenten bestimmt.

Artikel 177

Wo in den bestehenden Gesetzen die Eidesleistung unter Benutzung einer religiösen Eidesform vorgesehen ist, kann die Eidesleistung rechtswirksam auch in der Weise erfolgen, daß der Schwörende unter Weglassung der religiösen Eidesform erklärt: „ich schwöre“. Im übrigen bleibt der in den Gesetzen vorgesehene Inhalt des Eides unberührt.

Artikel 178

Die Verfassung des Deutschen Reichs vom 16. April 1871 und das Gesetz über die vorläufige Reichsgewalt vom 10. Februar 1919 sind aufgehoben.

Die übrigen Gesetze und Verordnungen des Reichs bleiben in Kraft, soweit ihnen diese Verfassung nicht entgegensteht. Die Bestimmungen des am 28. Juni 1919 in Versailles unterzeichneten Friedensvertrags werden durch die Verfassung nicht berührt.Anordnungen der Behörden, die auf Grund bisheriger Gesetze in rechtsgültiger Weise getroffen waren, behalten ihre Gültigkeit bis zur Aufhebung im Wege anderweiter Anordnung oder Gesetzgebung.

Artikel 179

Soweit in Gesetzen oder Verordnungen auf Vorschriften und Einrichtungen verwiesen ist, die durch diese Verfassung aufgehoben sind, treten an ihre Stelle die entsprechenden Vorschriften und Einrichtungen dieser Verfassung. Insbesondere treten an die Stelle der Nationalversammlung der Reichstag, an die Stelle des Staatenausschusses der Reichsrat, an die Stelle des auf Grund des Gesetzes über die vorläufige Reichsgewalt gewählten Reichspräsidenten der auf Grund dieser Verfassung gewählte Reichspräsident.

Die nach den bisherigen Vorschriften dem Staatenausschuß zustehende Befugnis zum Erlaß von Verordnungen geht auf die Reichsregierung über; sie bedarf zum Erlaß der Verordnungen der Zustimmung des Reichsrats nach Maßgabe dieser Verfassung.

Artikel 180

Bis zum Zusammentritt des ersten Reichstags gilt die Nationalversammlung als Reichstag. Bis zum Amtsantritt des ersten Reichspräsidenten wird sein Amt von dem auf Grund des Gesetzes über die vorläufige Reichsgewalt gewählten Reichspräsidenten geführt.

Artikel 181

Das deutsche Volk hat durch seine Nationalversammlung diese Verfassung beschlossen und verabschiedet. Sie tritt mit dem Tage ihrer Verkündung in Kraft.

Schwarzburg, den 11. August 1919.

Der Reichspräsident
Ebert

Das Reichsministerium
Bauer

Erzberger Hermann *Müller* *Dr. David* *Noske* *Schmidt*
Schlicke *Giesberts* *Dr. Mayer* *Dr. Bell*

Karte: Deutschland 1925
Besetzte Gebiete WEST

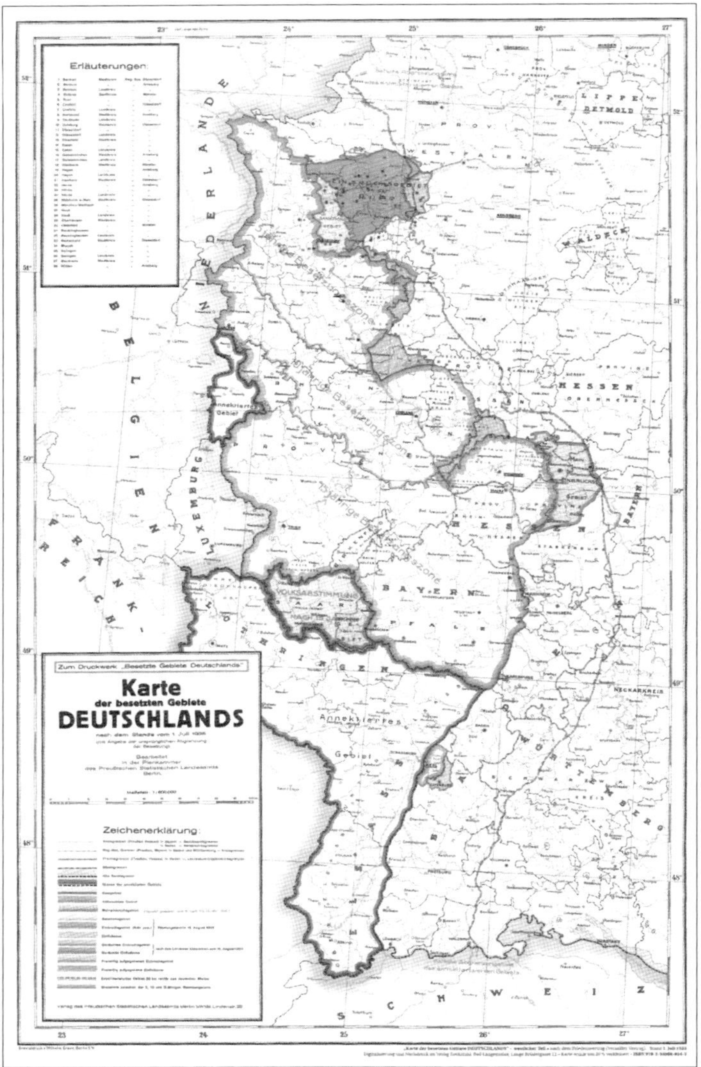

Deutschland 1925 - Besetzte Gebiete WEST
Format 50 x 80 cm, 1:600 000 um 20 % verkleinert, zum Original,
Lieferung gerollt in einer Papphülse.
Erschienen als Reprint – Farbdruck im Verlag Rockstuhl
ISBN 978-3-95966-634-3 24,95 €